Bernard Darmon

FULGURANCES POÉTIQUES ET MYSTIQUES DE L'ÂME

Bernard Darmon

FULGURANCES POÉTIQUES ET MYSTIQUES DE L'ÂME

Éditions Muse

Imprint
Any brand names and product names mentioned in this book are subject to trademark, brand or patent protection and are trademarks or registered trademarks of their respective holders. The use of brand names, product names, common names, trade names, product descriptions etc. even without a particular marking in this work is in no way to be construed to mean that such names may be regarded as unrestricted in respect of trademark and brand protection legislation and could thus be used by anyone.

Cover image: Fourni par l'auteur

Publisher:
Éditions Muse
is a trademark of
International Book Market Service Ltd., member of OmniScriptum Publishing Group
17 Meldrum Street, Beau Bassin 71504, Mauritius
Printed at: see last page
ISBN: 978-620-2-29665-6

Bernard Darmon est l’auteur de la peinture a l’huile, grand format, sur la couverture “un sage au corps de violon”.

PREFACE

On connaît déjà Bernard DARMON en tant que musicien de la poésie lorsque son violon sait opérer un mariage inusité entre la verve poétique et les envolées musicales. Maintenant, c'est avec la grande richesse de son imaginaire que l'on peut faire connaissance grâce à ce recueil.

Le poète nous avait déjà averti de la nouveauté de son style, mais « nouveauté » est un mot bien faible : c'est d'une nouvelle capacité de création, dans le sens d'une exploration de l'univers poétique aussi personnelle que polysémique, qu'il faudrait parler.

Les images que nous fait partager Bernard DARMON surgissent de son univers dont les couleurs, les êtres, les parfums mêmes ressortent comme sous l'effet d'une transfiguration permanente, qui plus est sans cesse renouvelée.

Ainsi : *« Soudain, un souffle spectral zèbre le firmament rougeoyant et violacé d'un abîme sans nom, à travers une aurore, un crépuscule, unifiés, à travers un soleil et une lune, fusionnés ! C'est alors qu'un cygne vert interroge la pensée atomique d'un songe d'une terre de cristal lointaine, imprégnée de mystère… »* Qui pourrait s'attendre à de telles transformations ? Qui demeurerait insensible à de telles images dont mêmes nos rêves les plus fous prendraient leçon ?

Le poète invite parfois son lecteur à suivre son cheminement tout en lui préparant, en quelque sorte, son itinéraire : *« Par-delà la pensée du temps, l'éternité s'impose ! Par-delà la pensée de l'espace, l'Infini s'élève ! »* Il faut donc le suivre dans son temps et dans son espace pour bien en partager les images.

Ce partage débouche sur une véritable jouissance, puisque *« La nature visible et invisible des étoiles exulte alors de joie en une douce pluie éternelle de clartés infinies. »*

Mais résumer un tel foisonnement d'images est une gageure ! Mieux vaut se laisser aller à leur découverte, accepter de les accompagner en conservant un esprit ouvert sur les multiples aspects du merveilleux. Une garantie absolue subsiste : celle de n'avoir jamais tout exploré, même en lisant et en relisant ce recueil ; l'imaginaire infini du poète nous entraînera dans des explorations toujours plus lointaines, ce qui confère à l'ensemble de ces poèmes une richesse polysémique quasiment inégalable ! Telle sera le plus beau sentiment que le lecteur y trouvera et, par le fait même, sa plus belle récompense.

Thierry ROLLET

Agent littéraire

« Fulgurances mystiques et poétiques de l'âme »

1/ Poème mystique numéro 20

Par-delà le sourire du temps, l'ombre d'un ange apparaît !

L'aile d'un oranger transparaît alors, à travers l'étincelante

moirure d'un lac songeur, figé, endormi !

De temps à autre, une couronne de sons et de parfums bleus,

verts, rouges et blancs, dépose une âme de pensée : une âme

de pensée évanescente sur l'antre caverneuse du verbe abyssal ! Parfois, un chant mystérieux : celui d'une couronne

diaphane et éthérée, rayonne, jaillit, resplendit, parcourt les cieux de l'ample éternité, au cœur de l'Infini ! …

2/ Poème mystique numéro 4

Sous le sourire d'un regard de lumière cosmique et d'un losange aquatique, une main ailée bleue et blanche, jaillit du front d'un ange millénaire à tête d'aigle et de lion, frémissant de glace

enflammée ! Soudain, un souffle spectral zèbre le firmament

rougeoyant et violacé d'un abîme sans nom, à travers une

aurore, un crépuscule, unifiés, à travers un soleil et une lune,

fusionnés ! C'est alors qu'un cygne vert interroge la pensée atomique d'un songe d'une terre de cristal lointaine, imprégnée de mystère …

3/ Poème mystique numéro 100

En et sur une rose des sables, haletante, frémissante, rayonnante de lumière mordorée, un doux zéphyr ailé, plane, chante, chante à nouveau, en parcourant doucement, des champs de blé et de lavande étoilés, ensemencés d'une cristalline rosée de joie ! Le son des cieux retentit alors : imprégné, jaillissant de tendres et émouvantes clartés, d'un autre monde, d'un autre espace, d'un autre temps, d'un autre sang ! Un lion ailé bleu et jaune fait alors inspirer et expirer l'âme de son cœur, l'âme de son esprit, l'âme de son être tout entier, à travers toute une symphonie infinie et éternelle, éternelle et infinie de lumineux parfums, de lumineuses couleurs, de lumineuses mélodies ! Et cela, sous le regard des anges et de Dieu qui lui sourient !

4/ Poème mystique numéro 30

Par le chemin d'un esprit souriant, le cœur d'un songe multicolore sourit enfin. L'ombre d'un aigle blanc ouvre alors son œil frontal sur un monde ressuscité, épanoui et vrai ! Le grand océan supérieur s'unifie alors harmonieusement avec le grand océan inférieur, et une note de musique « la » mystérieuse, résonne, resplendit à pleine et haute voix ! …….

5/ Poème mystique numéro 1

Sur la cime d'un œil énorme immaculé, le chant d'un olivier danse, tourbillonne majestueusement avec la respiration frémissante d'un Archange d'air, de terre, d'eau et de feu à quatre têtes ! Soudain, l'aura d'un nuage rouge fait frissonner un rocher à trois cœurs et l'ombre du printemps se fond à la lumière feutrée de l'automne, pour décrire la raison ultime d'une vie ressuscitée, étoilée !

6/ Poème mystique numéro 200

Sous le regard d'un éclat de lune paroxystique, une mémoire sans nom se fait entendre, une couleur et un parfum se font entendre ; un murmure se fait entendre, puis un doux, pensif et songeur zéphyr se fait entendre ! Soudain, la face d'un ange visible et invisible s'ouvre et son œil orangé inscrit sur le parchemin vivant violacé d'un ciel de saphir, la vie d'un olivier ailé, noueux et millénaire ! C'est alors que Dieu et ses anges, les anges et Dieu, murmurent et chantent, chantent et murmurent le suave parfum, l'insolite couleur et l'intense mélodie « Aleph » sublimes et merveilleuses, joyeuses et indicibles ! …….

7/ Poème mystique numéro 9

Posé sur le sourire d'un rocher insolite imaginaire : triangulaire, rond, carré et rectangulaire, un songe de colombe peint, sur l'ample tissu des cieux, un violon de diamant, de rubis et d'émeraude. L'espace et le temps ailés, exultent de joie et une colombe à deux têtes et un lion à quatre yeux, glissent allègrement, poétiquement, au-dessus d'un océan abyssal de cristal. Tous les mondes supérieurs et inférieurs, tous les mondes visibles et invisibles se figent alors pétrifiés, transfigurés et extasiés sous le souffle rugissant du Dieu d'éternité ! …….

8/ Poème mystique numéro 8

Par-delà la pensée du temps, l'éternité s'impose !

Par-delà la pensée de l'espace, l'Infini s'élève !

Le cantique du sang diurne et nocturne s'illumine en une nuée de souffles flamboyants, incandescents, traverse le cœur des cieux, l'esprit de Dieu ! Le pied d'un ange posé sur un papillon blanc, interroge l'indicible rayon de vie d'une montagne de lumière-or ! Un songe d'automne s'éveille alors et un rêve d'été apparaît ! Un tourbillon d'hiver et de printemps murmure, plane, glisse doucement sur un lac moiré, mordoré, endormi… !

9/ Poème mystique numéro 9

Un losange rouge, gravé sur la moirure étincelante d'un oranger cosmique millénaire, rêvait ! Rêve ? Songe ? Mirage ? Rêverie ? Douce, transparente réalité d'une fragilité puissante : irréalité posée sur la présente absence, sur l'absence présente de l'espace et du temps ! Un phénix bleu se laisse alors imprégner, animer d'un éternel été et soudain le printemps renaît ! Un papillon vert et jaune interroge l'âme et le cœur des cieux et de la terre, de l'intérieur des cieux, sous le regard lumineux des anges et de Dieu ! …….

10/ Poème mystique « A »

Dans l'œil d'un zéphyr éthéré, le message de l'ombre lumière et de la lumière ombre du chant de la vie, révèle la vérité de l'unité ! Un rosier ouvre son cœur d'été soudainement, en un signe chatoyant, étincelant, à l'âme sertie de diamants et de rubis, inscrit sur le parchemin de l'océan abyssal de feu, de terre et d'air, le nom de son souffle, le nom de sa clarté ! L'aire d'une aiguille achromatique projette alors sur un firmament violacé toute une cascade multicolore de géométries métamorphiques !

11/ Poème mystique numéro 80

Par-delà la pensée du temps, l'éternité s'impose ! Par-delà la pensée de l'espace, l'Infini s'élève ! Le chant du sang s'illumine et une nuée de souffles de joie, flamboyants, incandescents, traverse le cœur des cieux, l'esprit de Dieu ! Le pied d'un ange posé sur un papillon blanc interroge l'indicible rayon de vie d'une montagne de lumière-or ! Un songe d'automne s'éveille alors et un rêve d'été apparaît ! Un tourbillon d'hiver et de printemps murmure, plane, glisse doucement sur un lac moiré, mordoré, endormi ! …….

12/ Poème mystique « B »

Dans la pale et diaphane lueur d'un olivier, au chant millénaire, la couronne du silence bleu et rouge s'unifie à la pensée d'un ange vert à quatre têtes ! Le jour et la nuit, la nuit et le jour, entonnent la fiévreuse, intense symphonie de la vie, à travers un jaillissement infini, spirituel, de diamants, d'émeraudes et de rubis, en une éternelle féerie ! …….

13/ Poème mystique numéro 900

Sous la pénombre d'un paradigme silencieux, un oiseau lyre fantastique déploie une main de cristal rayonnante, frôlant la vaporeuse voilure de la nuit ! Doucement, progressivement, l'œil de l'Aurore naît sur le front d'un ange de saphir, et une aile enflammée apparaît à travers la cascade bleue du néant étoilé ! Un papillon enchanté pose alors le temps d'un instant éphémère, élevé et pesant, une parcelle de son âme, sur la douce et poétique pensée d'une rose des sables endormie ! Sous le regard ébahi, étonné et heureux d'anges blancs et bleus, infinis de Dieu ! …….

14/ Poème mystique numéro 110

En l'âme d'une rose des sables haletante, frémissante, rayonnante, mordorée, une douce brise ailée, plane, chante, chante en parcourant doucement des champs de blé et de lavande, étoilés, ensemencés d'une cristalline rosée de joie ! Le son des cieux retentit alors : parcouru, imprégné, jaillissant de tendre clarté d'un autre monde, d'un autre espace, d'un autre temps, d'un autre sang ! Un lion ailé, bleu et jaune fait alors jaillir, éclater, de l'âme de son cœur, de son esprit, de son être tout entier, en de multiples étincelles, toute une symphonie infinie et éternelle, éternelle et infinie, de lumineux parfums, de lumineuses couleurs, de lumineuses mélodies ! Et cela, sous le regard des anges et de Dieu qui lui sourient ! ……..

15/ Poème mystique « L »

A travers le sourire d'un rocher de saphir, un cœur de diamant orangé, jaune et blanc, exulte de joie : une main ailée gigantesque jaillit alors des entrailles d'un cèdre millénaire endormi ! Le chant d'un œil s'éveille et un ange à dix têtes tourbillonne allègrement au-dessus et par-delà un lac abyssal de rubis, d'émeraude et de cristal ! Tous les mondes supérieurs et inférieurs se figent alors pétrifiés, transfigurés et extasiés, sous le souffle rugissant du Dieu Un d'éternité ! …….

16/ Poème mystique numéro 88

Sous l'angle de la lumière ombragée « Alpha », un losange, un carré, un triangle et un rectangle, spiritualisent des mondes enchaînés pour les libérer. Un arbre blanc luminescent retentit à la vision d'un aigle de feu et d'eau, dormant sur la cime d'une cascade illuminée par la main invisible d'une présence absente de l'Être Infini et Eternel ! Une gigantesque montagne rouge, blanche et verte, déploie soudainement ses dix ailes vertébrales et une aura de tempête sourit à un zéphyr évanescent, spectral, oublié ! Mystères et secrets tournoient invisiblement et sur la visibilité d'une vie, d'une mémoire antique, épanouies ! …….

17/ Poème mystique numéro 1000

Sous le rayonnement spatial de l'esprit du temps, une mélodie invisible dotée d'une éternité infinie, fondue dans l'œil d'un doigt de cristal vénusien, fait émerger, renaître toute une symphonie de parfums, de couleurs, à l'approche d'une aurore crépusculaire et d'un crépuscule d'aurore, si lointains et si proches ! Soudain, l'âme d'une abeille s'anime enfin ! Et un rubis triangulaire et une émeraude carrée interpellent, interrogent bienveillamment la cime d'un oranger centenaire, sous le regard ébloui et songeur d'un ange bleu et blanc, joyeux et bienheureux ! …….

18/ Poème mystique numéro 2000

Le chiffre « 8 » tourbillonne majestueusement sur une terre orange « 7 » et un dauphin ailé traverse l'éther de son chant étoilé « 1 ». Un ruisseau de mystère enveloppe alors, de tendres clartés, une nuit diurne, un jour nocturne, figé, élevé ! Une étoile dodécaédrique de mille couleurs, cisèle sur le mystique saphirin parchemin de la Voie lactée, toute une sonate, tout un concerto, toute une symphonie de joie, de bonheur, de rêveries, de songes, de mille couleurs et de mille parfums édéniques devenus réalité ! ! !

19/ Poème mystique numéro 541

Dans une contrée de clarté renaissante, le paradis et son nombre chantent à l'unisson, le chant heureux, riant, souriant de Dieu, sous le regard unifié de la vie et de la mort unifiées ! ! ! Sublime et précieux univers où l'existence métamorphosée est sans être ! Le cœur d'une colombe s'envole par-ci par-là, telle une constante prière envolée, achevée d'être inachevée !!!

20/ Poème mystique numéro 358

Sur un champ de blé d'or-lumière du 10e ciel angélique, une harpe de vie resplendit et 1000 clartés naissent d'un abîme vert ressuscité ! Soudain, une main immaculée, éclaire doucement, bienveillamment, parcimonieusement, monts et montagnes, prairies et forêts, mers, lacs et rivières, pour répandre allègrement, joyeusement, sur et en tous les mondes visibles et invisibles, supérieurs et inférieurs, et au-delà, à jamais, une paix, la paix enfin retrouvée !.......

21/ Poème mystique numéro 24

Une flamboyante et intense douceur de rayons solaires de miel baigne, imprègne ce matin, un jardin de songes célestes, avec mille suaves parfums, mélodies et couleurs, à travers toute une sublime symphonie de jasmins, roses, amandiers, citronniers et orangers en fleurs;
Le chant de l'olivier, du feu, de la terre, de l'air et de l'eau fait rayonner mille échos de joie et de bonheur par-delà les insouciantes prairies, plaines, vallées, monts et montagnes de l'âme ailée de la vie. La nature visible et invisible des étoiles exulte alors de joie en une douce pluie éternelle de clartés infinies.

22/ Poème mystique numéro 30

Le morphisme d'un roc inscrit son nom solaire et lunaire sur la pensée d'un espace à jamais ressuscité et le sourire d'un rossignol répond avec grâce à celui d'un aigle et d'une colombe inspirés. Soudain, une baleine ailée ouvre et ferme simultanément les yeux de son cœur, par-delà l'horizon parsemé de grains de blé étoilés et l'éther si vaste, si pur, luit dans les ténèbres révélées de la luminosité transcendée.

Les coraux, tels de joyeux petits palmiers aquatiques, enchantent alors la paradisiaque moirure de l'esprit cosmique illuminé.

Un vertigineux, gigantesque mur de feu, d'eau, d'air et de terre rouge et bleue éclaire l'incandescent sourire d'un soleil lunaire, d'une lune solaire !!!

23/ Poème mystique numéro 58

Des oiseaux verts, rouges et bleus frissonnent, palpitent sur et en le vide rêvé d'une île du bout du monde. L'onde de la mer solaire resplendit alors et son écume virevoltante, fulgurante, bouillonnante, rugissante, mugissante, questionne la rive sablonneuse de fièvre, de colère, de douceur et de paix où elle meurt et renaît à chaque moment,à chaque instant,en d'incessantes gerbes vaporeuses de rayons aquatiques.

L'île de lumière de ce monde et par-delà ce monde, est en fête !!!

24/ Poème mystique numéro 4

Un ravissement féerique céleste délivre son sceau martial sur un champ océanien et un royaume de joie épanche sa pensée sur l'étoile d'un nouveau jour. Une chevelure de lumière ondule au-dessus d'un abîme sans nom et la clarté d'un gouffre "alpha" couronne l'art d'une main crépusculaire.

Le frémissement d'une bouche invisible allume l'horizon par une évanescente, crépitante et fantastique aurore boréale illuminant infiniment, éternellement l'âme de la pensée du firmament extasié!

25/ Poème mystique numéro 12

Une fine et imposante sphère palpitante recèle un climat secret

auréolé de bienfaisance et d'éclats de connaissance sainte!

Un univers composé de multiples grains de mémoire inscrit

sur la corne du front d'un archange tout à la fois enchaîné et

libéré !!!

Soudain, une peinture de nature illumine, de sa douce et forte

aura visuelle et odorante, tout un décor de rêve transcendé:

décor de jasmin, palmiers, romarin, lavande, abricotiers, vignes,

pêchers, cyprès, orangers, citronniers, oliviers, amandiers,....

tourbillonnent tels un songe halluciné !!!

26/ Poème mystique numéro 3000

L'atome des créations et recréations continuelles du cosmos

planétaire par la vision de l'œil Verbal de L'Invisible

lumière, chante la grandiose symphonie du miracle de la vie !

Soudain, un champ d'étoiles dirige le morphisme

structurel d'une pensée illimitée parcourant le son altier de la résurrection. Une pluie de rayons stellaires résonne créativement sous forme de codes rythmiques concrets et abstraits par-delà l'univers mathématique. Un micro-univers et un autre macro-univers composent et révèlent alors, des secrets angéliques sphériques sous une pluie enneigée de protons, de neutrons et d'électrons....

27/ Poème numéro 348

Un bruissement inspiré s'allume à partir d'une forêt et de sa nuit.

La profondeur d'un insondable langage interroge le souffle

bleuté de nébuleuses, planètes, étoiles, soleil et lune manifesté.

L'histoire des cieux décrypte l'insondable langage d'un rocher

ailé et le visage des mers métamorphose la mémoire du paradis

à travers le feu, l'air, l'eau et la terre !!!

Une abeille tourbillonne élégamment alors en exprimant son

nom en un espace hexagonal débordant de coloris floraux, variés, abondants, exubérants et parfumés! La sagesse du bonheur flamboie et l'horizon s'illumine prodigieusement....

28/ Poème mystique numéro 600

Dans l'ombre de la nuit d'une aurore sans fin, dans la lumière d'un crépuscule sans fin, une pierre à 10 yeux tend une attention aiguë aux mille nuances contrastée, alternée de l'infini chatoiement coloré,mélodique et parfumé de l'évanescent, éthéré et subtil paradis!!! Sur le chemin de la vie, un poisson bleu élève le nom de son chant, le chant de son nom, par-delà la cime immaculée et orangée de l'antique mémoire.

Là bas, tout là bas, dans le lointain existentiel de la nouvelle vie heureuse et libérée, la réalité aux ailes déployées prend forme doucement, progressivement,lumineusement pour prendre son envol : envol de raison, de sagesse, de fulgurantes métamorphoses !!!

29/ Poème mystique numéro 290

Sous l'eau de la lumière, sous la lumière de l'eau,sous le feu de la terre, sous la terre du feu, l'air

frissonne, palpite, rayonne, resplendit de mille éclairs de joie, de mille éclats de joie.

Le chant d'un griffon interroge alors, le10ème ciel

écarlate, blanc et bleu sur la redoutable face du néant endormi!

Le clair matin d'une main de cristal atomique couvre le redressement renaissant d'un temps infini figé et mouvant !

Mystère et secret,secret et mystère du vent oublié

Mystère et secret,secret et mystère de l'être non-être !!!!

30/ Poème mystique numéro 3581

Soudain, une étoile octogonale de rubis, de saphirs, d'émeraudes et de diamants fait retentir, de son cœur impalpable,toute une cascade symphonique de parfums,de visions,de sonorités d'un autre espace, d'un autre temps ! D'un autre vent ! L'océan d'une pensée tourbillonne alors au sein d'un rocher de feu! Et la pensée d'un océan glisse sur la moirure étoilée d'un rocher d'eau et d'air !!! Dans le cycle enchanté d'un sourire de vie,le chiffre

"8" grave le son de son âme sur le parchemin enchanté du bonheur retrouvé, ressuscité à jamais.....

31/Poème mystique numéro 8000

Dans le manège du jour et de la nuit,dans le fluide discours de l'ombre et du jour, une triangulation supérieur se forme et le spasme d'une pensée lointaine écourte le rythme de son être. Un souffle de vie transcendante fait retentir alors la note de musique:"la#"et l'espace de la note de musique "do" lui sourit !!!.......

32/ Poème mystique numéro 45

En un songe immortel, une corne d'abondance torsadée fait naître et renaître un doux zéphyr édénique musical sur la saphirine enveloppe d'un lac extasié, enchanté ! Le silence d'une île étoile alors le chant des mondes supérieurs et inférieurs, visibles et invisibles en un tourbillon de prospérité, d'abondance et de sagesses infinies !..... Un rossignol ne cesse d'enivrer l'atmosphère de son imagination poétique à travers une impétueuse et vive rivière d'air, de feu et de terre....

33/Poème mystique numéro 4000

Que sont les mots? Que sont les pensées ? Qu'est-ce que l'action ? Qu'est-ce que la vie ?Qu'est-ce que la mort ? Qu'est-ce que l'éternité qui nous éblouit ?Qu'est-ce que l'infini qui nous sourit ? La réponse est l'Insondable, l'Indicible Présence Absente de l'ÊTRE NON-ÊTRE : DIEU.........!!!!!!!

34/ Poème mystique numéro 10000

Un éclair de frisson, de palpitation et de frémissement régénère la flamboyante et irradiante vision du bien, du bon, du pur, du vrai, de la vérité, de la justice, de la joie, du bonheur au sein des cœurs, de tous les cœurs, de tous les esprits, de toutes les âmes de tous les univers, de tous les mondes terrestres, célestes, du feu,de l'air et de l'eau à jamais......

35/ Poème mystique "jaune" et "orange".

Huit chevaux de feu, cinq montagnes d'air, quatre lions d'eau gravent, de leurs vibrantes essences métamorphiques, le sentier, le cheminement du rêve, du songe, de l'imaginaire, de la poésie, de la musique, de la peinture, de l'art, en son sens le plus élevé !!! Un aigle blanc s'éveille alors en fusionnant puissamment, harmonieusement, avec la sublime création divine universelle à jamais......

36/ Poème mystique "vert"

Des milliers de parfums, de sons et de couleurs chantent le Divin Néant qui ne cesse de Créer et Recréer les fondements et spirales atomiques, génétiques et moléculaires du lumineux mystère secret ......

Soudain, un carré et un rectangle allument l'horizon triangulaire de la mémoire sans nom !!! Un grondement terrifiant aquatique d'abysses gigantesques étend une une intense clameur sur et en les sublimes et hautes altitudes montagneuses d une lointaine étoile, très lointaine étoile :"Alpha".....

37/ Poème mystique "rouge"

Une exhalaison de neige enflammée,d'herbage échevelé,de pluies d'air, d'eau, de terre, de nuits, de jours, de symphonies cosmiques éthérées, jaillit des entrailles planétaires de l'âme d'une colombe bleue. Et le chant d'une sirène de cristal, posée, délicatement sur l'esprit d'une baleine verte, résonne également, majestueusement à la Voie Lactée saphirine aux yeux endiamantés......

38/ Poème mystique "bleu"

Par delà les mots, les pensées, les actes, la vie, la mort, l'ombre, la lumière : le vide, le silence, le silence, le vide : le silence non silencieux,le vide non vide !!!!

39/ Poème mystique écarlate

Clartés, étincelances, lumières crépitantes, rayonnements, éclairs : Poèmes illuminés !!!!

Lacs, mers, prairies, forêts, monts et montagnes, terre, feu, air et eau, Soleil, lune, étoiles, astres, cieux,

aurore et crépuscule, animaux, humanité, Vie et mort, éternité et infini, anges et archanges : Poèmes illuminés !!!!!

40/ Poème mystique violet

Une main à 10 doigts et un visage à 10 yeux surgissent de l'océan des cieux en un rire de joie mystérieux, accrochant sa force vitale, avec tendresse et innocence, sur la cime d'une porte de diamants, de rubis, d'émeraudes et de saphirs étoilés... Le calme de la canopée d'un doux lac moiré transfiguré questionne le Temps et l'espace fusionnés...

41/ Symphonie mystique en si bémol Majeur:

Fanfare bouillonnante de lumineux sourires, orchestre aux mille couleurs qui explose en de ruisselantes gouttes de flammes alunisées. Blême et courtois discours plombé d'une griffe rouge aux comètes consolées.Méandre ondulé aux firmament asymétrique, usant de son charme secret pour pacifier toute critique. Foule assoiffée d'un temps infini qui se désaltère d'air terrestre et céleste infini......

42/ Sonate surréaliste en mi majeur:

Douce vibration à la patience volontaire d'un frisson aérien qui fait transparaître l'œuvre de sa pensée, dans un concert de dunes herbues et calmes.Emblème de royal augure dont la sève diffuse ses doux rayons de façon universelle et stellaire. Amitié du regard dans un bain de chaleur déplissé, gouvernant ses songes ébouriffés de douce et heureuse tendresse méditative de claires hauteurs embrumées...

43/ Sonate surréaliste en ut mineur:

Frisson étonné dans le froid, diffus et léger d'une brise tahitienne à l'écorse suave et douce. Soulèvement d'une senteur saturnienne aux relents d'amour et de paix. Kaléidoscope pictural, mélodique, enneigé, enflammé, d'un autre temps, d'un autre espace, renfloué de poussière extra-stellaire enrubannée de tendres clartés...

44/ Concerto en do majeur

Front éminent qui souligne par sa quiétude intérieure,l'ombre suave de blancheur ; l'aura de la vie déborde d'enchantement ailé de ferveur, d'heureux instants de bonheur : vent de fortune qui souligne certains abîmes guerriers. Les pentes de la vie interrompent l'indicible silence qui passe et qui souligne, en un élan singulier, l'absence d'ongulation nécessaire d'une âme déposée sur le front d'une rivière...

45/ Poésie surréaliste en ré majeur

Quand la brillance des anges tournoie sur les sommets de la pensée, les Cieux interrogent, tutoient le feu de l'aigle : éclair de l'atome,du gène, de la molécule éternels. Un lion-montagne joue du violon-harpe dans la cascade, aux lames saturniennes et vénusiennes,marquées du sceau « 1 », en compagnie d'un taureau-biologiste montagne. Le palais divin traverse l'éclair électrique de piliers cristallins angéliques. L'éveil universel se meut alors,enfin...

46/ Poème mystique : secrets et mystères

À l'aune d'une mémoire antique,le souvenir d'un dauphin ailé annonce l'aube d'une ère nouvelle,par-delà le temps, par-delà l'espace transfigurés. La longévité d'une vie abondante transparaît naturellement sur la colline de l'encens, de parfums prodigues... Une cascade ruisselante de nuances, de joie,de bonheur étend un sceau étonnant de transcendance alternée. Soudain, une vaporeuse pensée illumine l'infinie essence frissonnante d'éclats moirés de lumières enchantées.....

47/ Poème mystique numéro 1234

Le tintement de la vie veille sur l'aile vertigineuse d'une atmosphère épanouie. Des pétales d'âme couvrent le matin d'une pluie de raisons élevées, plantées sur le sente de l'intelligence réveillée......

L'haleine d'anges transmutés sur l'horizon d'un monde meilleur, frôle de son éternité intensifiée les hautes frondaisons célestes de l'ultime Vérité.Un cœur imperceptible éclaire la sonate extraordinaire de l'eau, du feu,de l'air et de la terre, survolant l'étourdissant abîme du Néant élevé......

48/ Poème mystique numéro 678

Sous l'Œil de lointaines et proches nébuleuses, sous l'Œil de l'immuable Voie lactée,sous l'Œil du soleil et de la lune,sous l'Œil des étoiles, sous l'Œil des planètes et constellations illuminées, des sonorités jaillissent, sonorités symphoniques du silence, de l'indicible, éternel, infini,visible et invisible Présence de l'ÊTRE NON ÊTRE !!!!!

49/ Poème mystique numéro 345

Dans une dimension subatomique, des formes, des couleurs, des sons aigus interpellent le majestueux firmament au déploiement de beautés fantastiques. La froidure d'une pensée de cristal étoile soudain la cime d'un épi de blé.Un ruisseau de lumière enveloppe de nuées spectrales le cœur d'un rocher de miel...

Le cycle du vent, le cycle du temps, le cycle du feu, de l'air, de l'eau et de la terre, raniment, vivifient, un souffle endormi : le souffle mystérieux de la vie.

L'obscurité couvre alors de ses pas la dimension première du jour pétrifié! Un diamant,un rubis,une émeraude,un saphir triangulaires, carrés, rectangulaires et ronds cisèlent une des pensées du Temps et de l'Espace unifiés...

50/ Poème mystique numéro 29

Des formes analytiques enferment et libèrent toute une série de frondaisons paranormales extatiques figées !!! Une onde vibratoire aux circonvolutions alternées enchante l'orée d'un nouveau sang enchanté. Des arbres de feu et d'eau, d'air et de terre foisonnent soudainement dans l'esprit enchaîné et libéré d'un ange éthéré !!!!!

Trois mains-yeux se dressent alors sur la tête d'un poisson chatoyant, gigantesque, doté d'un corps de violon d'or-lumière, parsemé de notes de musique et de lettres-signes secrètes d'un monde futur élevé...

51/ Poème mystique numéro 91

Un arc en ciel musical, parfumé déploie sa noble intensité spirituelle par-delà le songe-chant impavide d'une âme d'oiseau bleu, frôlant de son âme émergée,un doux ruisseau endormi et éveillé !!!

Soudain, le temps arrête sa ronde et le firmament élève son œil de diamant, au-dessus de l'esprit d'un monde où le néant inscrit son nom ! Un rossignol, une colombe et un oiseau-lyre tourbillonnent désormais, lumineusement ! Joyeusement ! Merveilleusement ! Sous le regard du bonheur et de l'Ultime Vérité !!!!...

52/ Quand le poète.....

Quand le poète chante, il émeut la foule de son chant étoilé, marqué par les ailes de la félicité, de l'éternité. Quand le poète chante, il exprime le vent de l'inspiration, prenant la symbolique altière de l'espace de la délivrance.

Quand le poète chante, l'accalmie est son rocher et le paradis son ami, il fait un avec l'infini...

Printed by Books on Demand GmbH, Norderstedt / Germany